J'apprend avec



# Olive à l'école

**Nicole Amram**
Enseignante spécialisée et auteure jeunesse

**Josyane Roure-Yvon**
Orthophoniste

Illustré par
**Vanessa Vautier**

bordas

# Conseils aux parents

Votre enfant apprend à lire et il a envie de lire tout seul une histoire. Voici quelques conseils pour l'accompagner dans cette belle aventure :

– Une fois l'histoire choisie, examinez avec lui le titre, l'illustration de la couverture et le résumé au dos du livre.

– Demandez-lui de lire le texte à haute voix et suggérez-lui de s'aider de son doigt pour suivre les mots.

– Laissez-lui le temps de lire à son rythme, de s'arrêter sur les illustrations. Soutenez son effort par vos encouragements.

– À la fin de la lecture, posez-lui des questions, commentez avec lui ce qu'il vient de lire et n'oubliez pas de le féliciter chaleureusement.

– Prolongez l'histoire en lui proposant l'activité ludique de la page 32.

Les textes de cette histoire de niveau 2 sont 100 % décodables par votre enfant s'il a bien atteint la page 177 de la méthode **J'apprends à lire avec Olive**.

Édition : Elsa Jourdan – Création maquette et couverture : Cécile Gallou – Mise en pages : Al'Solo
 – ISBN : 978-2-04740030-2

# Les personnages

Olive

Vic

Lulu

Nino

Tagada

Léa

Totor

Tatar

La maman d'Olive

Kisétou le maître

Ce matin, Olive se lève tôt
car il va à l'école.
Il avale son petit déjeuner
et prépare ses vêtements
pour la journée.

Avant de partir,
Olive se coiffe le poil
et se brosse les dents.
– N'oublie pas ton cartable !
dit maman lapin.

Classe des azalées

Dans la classe,
il y a un lapin, c'est Olive.
Une lapine, c'est Léa.
Un cheval, c'est Tagada.
Un chat, c'est Nino.
Deux canards : Totor et
Tatar.

Kisétou, le maître, est
un grand hibou à plumes
bleues. Il est gentil, mais
parfois un peu sévère
quand les enfants
ne sont pas sages.

Moi !
Moi !
Moi !

– Mardi 8 novembre.
Qui doit venir au tableau aujourd'hui ? demande le maître en regardant son carnet.

– C'est ton tour, Olive !
dit le maître.
Notre lapin préféré est tout
content d'aller au tableau.

Classe des azalées
Olive, écris le nom
de ton légume préféré.

Olive réfléchit et, très vite, il écrit au feutre : Je préfère les carottes. J'aime aussi les fanes de radis !

Pas moi !
Pas moi !

– Du calme, les enfants ! dit le maître. Ne vous disputez pas ! Chacun a ses goûts. Chacun a ses préférences. C'est normal !

# Classe des azalées

navets, épinards,

endives, salades,

brocolis, choux,

tomates, patates,

poireaux

– Il y a beaucoup de légumes sur notre planète ! dit le maître. Nous avons le choix et ils sont tous très bons pour notre santé.

– Oui, mais moi, je préfère
la salade ! crie Totor
le canard.
– Pas moi ! Pas moi ! crient
les autres élèves
de la classe.

– Ça suffit, les enfants. Écrivez les noms des légumes que j'ai notés au tableau ! ordonne Kisétou.

Classe des iris
Classe des anémones
8
9
7
5
4
3
2

La cloche a sonné. Il est midi, c'est l'heure du déjeuner. Tous les enfants de l'école sortent dans la cour.

MENU

La récré est finie.
Tous les animaux se
rangent devant l'entrée
de la cantine.
– Mmmm ! Je suis affamé,
s'écrie Tagada.